Connaissez-vous Paris?

《您了解巴黎吗？》

译名对照表

A

阿贝拉尔，皮埃尔（学者、教师）◎◎ Pierre Abélard ◎◎ 112，113

阿尔贝一世大道◎◎ Cours Albert-Ier ◎◎ 189

阿尔方，阿道夫（建筑师）◎◎ Adolphe Alphand ◎◎ 310

阿尔科莱（人名）◎◎ Arcole ◎◎ 14

阿尔科莱（意大利地名）◎◎ Arcole ◎◎ 14

阿尔科莱桥◎◎ Pont d'Arcole ◎◎ 14

阿尔克伊引水渠◎◎ Aqueduc d'Arcueil ◎◎ 68

阿尔玛广场◎◎ Place de l'Alma ◎◎ 8，270

阿拉戈（共和派政治人物）◎◎ Arago ◎◎ 389

阿拉瓦纳，让-安托万（建筑师）◎◎ Jean-Antoine Alavoine ◎◎ 301

阿莱格尔公馆◎◎ Hôtel d'Alègre ◎◎ 162

阿梅莉街◎◎ Rue Amélie ◎◎ 340

阿让特伊街◎◎ Rue d'Argenteuil ◎◎ 391

阿图瓦街◎◎ Rue d'Artois ◎◎ 385

埃贝尔广场◎◎ Place Hébert ◎◎ 178，179

埃蒂安·马塞尔街◎◎ Rue Étienne-Marcel ◎◎ 63，325，408

埃尔瓦尔公馆◎◎ Hôtel d'Hervart ◎◎ 172

埃菲尔，古斯塔夫（建筑师）◎◎ Gustave Eiffel ◎◎ 346

埃及的圣玛丽（忏悔者主保圣人）◎◎ Sainte-Marie-l'Égyptienne ◎◎ 235

埃鲁公馆◎◎ Hôtel Hérouet ◎◎ 74

埃内比克，弗朗索瓦（建筑师）◎◎ François Hennebique ◎◎ 170

埃绍德喷泉◎◎ Fontaine de l'Échaudé ◎◎ 187

艾劳大街◎◎ Avenue d'Eylau ◎◎ 226

艾斯蒂安街◎◎ Rue Estienne ◎◎ 395

艾斯泰尔纳农场◎◎ Ferme d'Esterne ◎◎ 130

爱德磨坊◎◎ Moulin de la Charité ◎◎ 174

爱丽舍-波旁宫◎◎ l'Élysée-Bourbon ◎◎ 151

爱洛漪丝（修女）◎◎ Héloïse ◎◎ 112，113

安格尔大街◎◎ Avenue Ingres ◎◎ 446

安茹街◎◎ Rue d'Anjou ◎◎ 218

安托万·迪布瓦街◎◎ Rue Antoine-Dubois ◎◎ 449

鹌鹑之丘◎◎ Butte-aux-Cailles ◎◎ 179

昂古莱姆公爵（路易十九）◎◎ Duc d'Angoulême ◎◎ 272

昂吉安（地名）◎◎ Enghien ◎◎ 134

昂吉安公爵，路易-安托万-亨利·德·波旁-孔代（贵族）◎◎ Louis-Antoine-Henri de Bourbon-Condé, Duc d'Enghien ◎◎ 151

昂坦堤道高中◎◎ Lycée de la Chaussée-d'Antin ◎◎ 247

昂坦堤道街 ◎◎Rue de la Chaussée-d'Antin ◎◎150, 447

昂坦公爵，路易·安托万·德·帕尔达扬·德·贡德兰（贵族）◎◎Louis-Antoine de Pardaillan de Gondrin, Duc d'Antin ◎◎193

昂维耶热街 ◎◎Rue des Envierges ◎◎330

奥德翁街 ◎◎Rue de l'Odéon ◎◎254

奥古斯丁（水泵）◎◎Augustine ◎◎182

奥斯特利茨（地名）◎◎Austerlitz ◎◎224

奥斯特利茨凯旋门 ◎◎Arc d'Austerlitz ◎◎57

奥斯特利茨桥 ◎◎Pont d'Austerlitz ◎◎406

B

八边形池塘 ◎◎Bassin de l'Octogone ◎◎67

巴比伦街 ◎◎Rue de Babylone ◎◎10

巴比伦营房 ◎◎Caserne Babylone ◎◎10

巴比耶，洛朗·让（巴黎副市长）◎◎Laurent Jean Babille ◎◎395

巴比耶街 ◎◎Rue Babille ◎◎395

巴丹（刀具商）◎◎Badin ◎◎258

巴蒂尼奥勒（地名）◎◎Batignolles ◎◎191

巴蒂尼奥勒-蒙索（地名）◎◎Batignolles-Monceau ◎◎180

巴尔贝斯地铁站 ◎◎Station Barbès ◎◎320

巴尔贝特，埃蒂安（巴黎市长）◎◎Étienne Barbette ◎◎408

巴尔贝特街 ◎◎Rue Barbette ◎◎408

巴尔扎克，奥诺雷·德（作家）◎◎Honoré de Balzac ◎◎12, 388

巴黎风情园 ◎◎Jardin d'Acclimatation ◎◎229

巴黎公社社员墙 ◎◎Mur des Fédérés ◎◎225

巴黎卡西诺俱乐部 ◎◎Casino de Paris ◎◎402

巴黎历史博物馆 ◎◎Musée Carnavalet ◎◎400

巴黎圣母院 ◎◎Notre-Dame ◎◎36, 59, 81, 143

巴黎圣母院广场 ◎◎Place du Parvis Notre-Dame ◎◎27

巴黎造币厂 ◎◎Hôtel de la Monnaie ◎◎384

巴黎证券交易所 ◎◎La Bourse ◎◎7, 382, 396

巴黎植物园 ◎◎Jardin des Plantes ◎◎76

巴黎综合理工大学 ◎◎École polytechnique ◎◎10, 222

巴里耶（-德尚），让-皮埃尔（建筑师）◎◎Jean-Pierre Barillet-Deschamps ◎◎310

巴尼奥莱（地名）◎◎Bagnolet ◎◎180

巴士底地铁站 ◎◎Stations Bastille ◎◎368

巴士底广场 ◎◎Place de la Bastille ◎◎300, 301

巴士底狱 ◎◎La Bastille ◎◎148, 214, 276, 277

巴斯德，路易（微生物学家、化学家）◎◎ Louis Pasteur◎◎ 173，176
巴斯德研究所◎◎ Institut Pasteur◎◎ 176
巴扬，皮埃尔（化学家）◎◎ Pierre Bayen◎◎ 377
巴扬街◎◎ Rue Bayen◎◎ 377
白房子街◎◎ Rue de la Maison-Blanche◎◎ 308
白房子街区◎◎ Quartier de la Maison-Blanche◎◎ 308
白鸽街◎◎ Rue de la Colombe◎◎ 109
白衣街◎◎ Rue des Blancs-Manteaux◎◎ 417
白衣市场街◎◎ Rue du Marché-des-Blancs-Manteaux◎◎ 74
包税人之墙◎◎ Mur des Fermiers-Généraux◎◎ 1
《保罗和维吉妮》◎◎ *Paul et Virginie*◎◎ 260
《悲惨世界》◎◎ *Les Misérables*◎◎ 301
贝尔东街◎◎ Rue Berton◎◎ 12
贝尔热（家族姓氏）◎◎ Bergère◎◎ 163
贝尔热街◎◎ Rue Bergère◎◎ 163
贝尔西（地名）◎◎ Bercy◎◎ 180
贝克雷尔街◎◎ Rue Becquerel◎◎ 416
贝朗瑞，皮埃尔-让·德（诗人）◎◎ Pierre-Jean de Béranger◎◎ 281
贝朗热公寓◎◎ Castel Béranger◎◎ 53
贝朗瑞街◎◎ Rue Béranger◎◎ 281
贝勒沙斯街◎◎ Rue Bellechasse◎◎ 394
贝里街◎◎ Rue de Berri◎◎ 279
贝利茨宫◎◎ Palais Berlitz◎◎ 67
贝热拉克，西拉诺·德（作家）◎◎ Cyrano de Bergerac◎◎ 445
贝舍尔，朱莉（商贩）◎◎ Julie Bécheur◎◎ 48
比才（土地所有者姓氏）◎◎ Bizet◎◎ 73
比才，乔治（作曲家）◎◎ Georges Bizet◎◎ 73
比才街◎◎ Rue Bizet◎◎ 73
比代，纪尧姆（人文学者，巴黎市长）◎◎ Guillaume Budé◎◎ 352，408
比代街◎◎ Rue Budé◎◎ 408
比福，让-巴蒂斯特（巴黎副市长）◎◎ Jean-Baptiste Buffault◎◎ 166，395
比福街◎◎ Rue Buffault◎◎ 166，395
比克布斯墓地◎◎ Cimetière de Picpus◎◎ 273
比莱，皮埃尔（建筑师）◎◎ Pierre Bullet◎◎ 432
比若，托马·罗贝尔（元帅）◎◎ Thomas Robert Bugeaud◎◎ 242
比耶夫尔街◎◎ Rue de Bièvre◎◎ 312
滨海布洛涅圣母院◎◎ Notre-Dame de Boulogne-sur-Mer◎◎ 55

冰库村◎◎Hameau de la Glacière◎◎186

冰库街◎◎Rue de la Glacière◎◎186

波隆索，卡米耶（建筑师）◎◎Camille Polonceau◎◎406

波拿巴高中◎◎Lycée impérial Bonaparte◎◎247

波拿巴街◎◎Rue Bonaparte◎◎206，245

波拿巴，拿破仑（拿破仑一世）（皇帝）◎◎Napoléon Bonaparte◎◎5，18，45，59，152，246，272，443

波旁，查理·德（红衣主教）◎◎Charles de Bourbon◎◎452

波旁公馆◎◎Hôtel de Bourbon◎◎221

波旁宫◎◎Palais Bourbon◎◎221，222，223

波旁女公爵，奥尔良的路易·玛丽·泰蕾兹·巴蒂尔德（贵族）◎◎Louise Marie Thérèse Bathilde d'Orléans, Duchesse de Bourbon◎◎151

波旁中学◎◎Collège royal de Bourbon◎◎247

波舒哀，雅克-贝尼涅（神学家、作家）◎◎Jacques-Bénigne Bossuet◎◎168

玻利瓦尔，西蒙（南美独立领袖）◎◎Simon Bolivar◎◎409

勃艮第公馆剧院◎◎Théâtre de l'hôtel de Bourgogne◎◎325

博雷戈（墨西哥地名）◎◎Borrégo◎◎318

博雷戈街◎◎Rue du Borrégo◎◎318

博马舍，皮埃尔-奥古斯丁·卡龙·德（剧作家）◎◎Pierre-Augustin Caron de Beaumarchais◎◎214，215

博马舍林荫大道◎◎Boulevard Beaumarchais◎◎214

博内街◎◎Rue de la Bonne◎◎416

博尼耶街◎◎Rue Beaunier◎◎149

博特雷伊街◎◎Rue Beautreillis◎◎373

布德罗街◎◎Rue Boudreau◎◎395

布德罗街，安德烈（巴黎书记官）◎◎André Boudreau◎◎395

布尔热（地名）◎◎Bourget◎◎344

布干维尔，路易-安托万·德（航海家）◎◎Louis-Antoine de Bougainville◎◎362

布朗热，亨利·朱利安（即亨利·拉罗谢尔）◎◎Henri Julien Boulanger◎◎50

布朗什街◎◎Rue Blanche◎◎389

布朗什王后◎◎Reine Blanche◎◎79

布朗雄，阿道夫-埃内斯特·拉盖·德（军官）◎◎Adolphe-Ernest Raguet de Brancion◎◎367

布勒特伊大街◎◎Avenue de Breteuil◎◎173

布雷比翁，马克西米利安（建筑师）◎◎Maximilien Brébion◎◎438

布里亚-萨瓦兰，让·安泰尔姆（美食家）◎◎Jean Anthelme Brillat-Savarin◎◎75

布列纳，路易·安托万·福弗莱·德（外交官）◎◎Louis Antoine Fauvelet de Bour-

rienne ◎◎390
布列纳公馆 ◎◎Hôtel de Bourrienne ◎◎390
布列塔尼街 ◎◎Rue de Bretagne ◎◎432
布龙尼亚，亚历山大-泰奥多尔（建筑师）◎◎Alexandre-Théodore Brongniart ◎◎247
布隆代尔，让-弗朗索瓦（建筑师）◎◎Jean-François Blondel ◎◎244
布隆代尔街 ◎◎Rue Blondel ◎◎244
布卢瓦街 ◎◎Rue du Bouloi ◎◎429
布洛涅森林 ◎◎Bois de Boulogne ◎◎55, 66, 232, 302
布洛涅森林街心公园路 ◎◎Aquare du Bois-de-Boulogne ◎◎141
布洛涅圣母院 ◎◎Notre-Dame de Boulogne ◎◎55
布吕克斯海军上将大道 ◎◎Boulevard de l'Amiral-Bruix ◎◎133
布沙东喷泉 ◎◎Fontaine de Bouchardon ◎◎192
布塔雷尔街 ◎◎Rue Boutarel ◎◎386
布瓦尔迪厄广场 ◎◎Place Boïeldieu ◎◎298
布瓦洛（-德普雷奥），尼古拉（诗人）◎◎Nicolas Boileau-Despréaux ◎◎9, 230
布瓦洛，路易-奥古斯特（建筑师）◎◎Louis-Auguste Boileau ◎◎304
布瓦洛，路易-夏尔（建筑师）◎◎Louis-Charles Boileau ◎◎346
布瓦塞十字架 ◎◎la croix boissée ◎◎293
布瓦西埃街 ◎◎Rue Boissière ◎◎293
布瓦西埃十字架街 ◎◎Rue de la Croix-Boissière ◎◎293
布歇，弗朗索瓦（画家）◎◎François Boucher ◎◎384
布歇，皮埃尔（巴黎副市长）◎◎Pierre Boucher ◎◎384, 395
布歇街 ◎◎Rue Boucher ◎◎384, 395
布许街 ◎◎Rue Bouchut ◎◎173
布依塞十字架 ◎◎la croix bouissée ◎◎293

C 参孙街 ◎◎Rue Samson ◎◎306
参议院金书厅 ◎◎Salle du Livre d'Or du Sénat ◎◎59
赤足奥古斯丁派女修院 ◎◎Couvent des Augustins Déchaussés ◎◎392
船夫谷仓农庄 ◎◎Ferme de la Grange-Batelière ◎◎164
查理十世（国王）◎◎Charles X ◎◎190
查理五世（国王）◎◎Charles V le Sage ◎◎241
船首廊道 ◎◎Galeries des Proues ◎◎410
慈善集市 ◎◎Bazar de la Charité ◎◎31

D 达尔让松（侯爵），勒内·路易·德·瓦耶·德·波尔米（警察局长）◎◎René Louis de Voyer de Paulmy, Marquis d'Argenson ◎◎445

达盖索，亨利·弗朗索瓦（司法大臣）◎◎Henri François d'Aguesseau◎◎32
达卢，朱尔（雕塑家）◎◎Jules Dalou◎◎418
达吕街◎◎Rue Daru◎◎128
达萨街◎◎Rue d'Assas◎◎83，86，233
达瓦尔，安托万·弗朗索瓦（巴黎副市长）◎◎Antoine François Daval◎◎395
达瓦尔街◎◎Rue Daval◎◎395
大公鸡之屋◎◎Maison du Grand Coq◎◎195
大孔代（第四代孔代亲王，波旁的路易二世）（元帅）◎◎le Grand Condé (Louis II de Bourbon, Condé)◎◎57
大品脱小酒馆◎◎Cabaret de la Grande Pinte◎◎284
大石头岛◎◎Île du Gros-Caillou◎◎234
大石头街◎◎Rue du Groscaillou◎◎317
大石头街区◎◎Quartier du Gros-Caillou◎◎317
大堂街区◎◎Quartier des Halles◎◎48
大碗岛◎◎Île de la Grande-Jatte◎◎60
大运河◎◎Grand Canal◎◎67
大钟楼◎◎Tour de l'Horloge◎◎315
丹东，乔治（政治人物）◎◎Georges Danton◎◎1
丹东街◎◎Rue Danton◎◎170
丹费尔街◎◎Rue d'Enfer◎◎6，89
当费尔-罗什罗广场◎◎Place Denfert-Rochereau◎◎274
当费尔-罗什罗街◎◎Rue Denfert-Rochereau◎◎6，89
当热斯特咖啡馆◎◎Café Dangest◎◎327
档案馆街◎◎Rue des Archives◎◎417，432
德昂热，大卫（建筑师）◎◎David d'Angers◎◎443
德比西街◎◎Rue de Buci◎◎286
德彪西，克洛德（作曲家）◎◎Claude Debussy◎◎141
德布里，乔治（建筑师）◎◎Georges Debrie◎◎296
德吉斯公馆◎◎Hôtel de Guise◎◎417
德拉封丹街◎◎Rue de la Fontaine◎◎6
德拉克洛瓦街◎◎Rue Delacroix◎◎6
德拉米绍迪埃街◎◎Rue Delamichodière◎◎408
德拉米绍迪埃，让-巴蒂斯特-弗朗索瓦（巴黎市长）◎◎Jean-Baptiste-François Delamichodière◎◎408
德拉图尔街◎◎Rue Delatour◎◎395
德鲁奥街◎◎Rue Drouot◎◎164
德鲁奥拍卖行◎◎Hôtel des Ventes de Drouot◎◎164

德穆尔街◎◎Rue Demours◎◎134，313
德穆兰，卡米耶（政治人物）◎◎Camille Desmoulins◎◎1
德穆兰，露西尔（卡米耶·德穆兰之妻）◎◎Lucile Desmoulins◎◎1
德瓦雷纳街◎◎Rue Devarenne◎◎395
狄德罗，德尼（思想家、文学家）◎◎Denis Diderot◎◎307
迪克，约瑟夫-路易（建筑师）◎◎Joseph-Louis Duc◎◎301
迪厄，夏尔-普罗斯珀（将军）◎◎Charles-Prosper Dieu◎◎155，156
迪厄街◎◎Rue Dieu◎◎155，156
迪厄小巷◎◎Passage Dieu◎◎156
迪恩，西拉（美国外交家）◎◎Silas Deane◎◎278
迪吕伊，维克托（历史学家）◎◎Victor Duruy◎◎308
迪皮特朗街◎◎Rue Dupuytren◎◎449
迪苏布，德尼（议员）◎◎Denis Dussoubs◎◎237
迪苏布街◎◎Rue Dussoubs◎◎237
迪索默拉尔街◎◎Rue du Sommerard◎◎280
迪索默拉尔，亚历山大（收藏家）◎◎Alexandre Du Sommerard◎◎280
迪托街◎◎Rue Dutot◎◎176
第一次战役街◎◎Rue Campagne-Première◎◎33
蒂博·勒里什镇◎◎Bourg de Tibaud-le-Riche◎◎136
蒂博镇◎◎Bourg-Tibourg◎◎136
蒂博镇街◎◎Rue du Bourg-Tibourg◎◎136
蒂雷纳（子爵），亨利·德·拉图尔·德·奥弗涅（元帅）◎◎Henri de La Tour d'Auvergne, Vicomte de Turenne◎◎57
丁香镇◎◎Les Lilas◎◎332
斗兽场街◎◎Rue du Colisée◎◎456
杜尔哥，安娜·罗贝尔·雅克◎◎Anne Robert Jacques Turgot◎◎192
杜奈特死胡同◎◎Impasse des Deux-Nèthes◎◎18
杜伊勒里花园◎◎Jardin des Tuileries◎◎99
杜伊勒里桥◎◎Pont des Tuileries◎◎234
渡船岛◎◎Île à la Gourdaine◎◎234
渡船街◎◎Rue du Bac◎◎105，269，399
多达（商人）◎◎Dodat◎◎429
多梅尼大街◎◎Avenue Daumesnil◎◎101
多梅松，安妮·勒菲弗（亨利·弗朗索瓦·达盖索之妻）◎◎Anne Lefèvre d'Ormesson◎◎32
多热龙，贝特朗（殖民者）◎◎Bertrand d'Ogeron◎◎124
多特维尔街◎◎Rue d'Hauteville◎◎390

F

法尔吉埃，亚历山大（雕塑家）◎◎Alexandre Falguière◎◎418
《法国公报》◎◎*Gazeto de France*◎◎195
法国国立高等工程技术学校◎◎Écoles Nationales d'Arts et Métiers◎◎144
法国国立工艺学院◎◎Conservatoire National des Arts et Métiers◎◎439
法兰西公学院◎◎Collège de France◎◎29
法兰西科学院◎◎Académie des Sciences◎◎122
法兰西喜剧院◎◎Comédie-Française◎◎309
法兰西研究院◎◎Institut de France◎◎80
法兰西银行◎◎Banque de France◎◎52
法朗士，阿纳托尔（作家）◎◎Anatole France◎◎175
法沃里特街◎◎Rue des Favorites◎◎243
腓力二世（国王）◎◎Philippe-Auguste◎◎45，132，136，180，305
腓力四世（国王）◎◎Philippe IV◎◎55
费尔森，阿克塞尔·冯（瑞典贵族）◎◎Axel von Fersen◎◎120
费坎谷◎◎Val de Fécan◎◎101
费康谷◎◎Val de Fécamp◎◎101
费康街◎◎Rue de Fécamp◎◎101
费利克斯（理发师）◎◎Félix◎◎348
丰塔纳高中◎◎Lycée Fontanes◎◎247
风之森林街◎◎Rue Bois-le-Vent◎◎290
弗阿街◎◎Rue du Fouarre◎◎378
弗厄街◎◎Rue au Feurre◎◎378
弗朗索瓦·米龙街◎◎Rue François-Miron◎◎408
弗朗索瓦一世（国王）◎◎François Ier◎◎432
弗朗索瓦一世学院 ◎◎Collège François Ier◎◎402
弗雷米古（农场主）◎◎Frémicourt◎◎261
弗雷米古街◎◎Rue Frémicourt◎◎261
弗罗绍大街◎◎Avenue Frochot◎◎203
伏尔泰滨河路◎◎Quai Voltaire◎◎77，212，242
伏尔泰滨河路旅馆◎◎Hôtel du Quai Voltaire◎◎77
孚日广场◎◎Place des Vosges◎◎25，45
福煦大街◎◎Avenue Foch◎◎333，376
傅科，让·贝尔纳·莱昂（物理学家）◎◎Jean Bernard Léon Foucault◎◎86
富尔顿，罗伯特（美国发明家）◎◎Robert Fulton◎◎34
富尔西，亨利·德（巴黎市长）◎◎Henri de Fourcy◎◎408
富尔西街◎◎Rue de Fourcy◎◎408
富兰克林街◎◎Rue Franklin◎◎448

G 改革派教士女修院◎◎Couvent des Récollettes◎◎105
盖梅内死胡同◎◎Impasse Guéménée◎◎127
高布赛克，萨拉（小说人物）◎◎Sarah Gobseck◎◎388
高城居（英国地名）◎◎Hauteville-House◎◎41
高乃依，皮埃尔（剧作家）◎◎Pierre Corneille◎◎9，391
高叶街◎◎Rue Hautefeuille◎◎162
戈布兰街◎◎Rue des Gobelins◎◎79
戈布兰旅馆◎◎Hôtel des Gobelins◎◎149
歌剧院大街◎◎Avenue de l'Opéra◎◎116，403
歌剧院广场◎◎Place de l'Opera◎◎403
格勒内勒◎◎Grenelle◎◎70，173，177，180，261
格勒内勒防波堤◎◎Môle de Grenelle◎◎217
格勒内勒街◎◎Rue de Grenelle◎◎119，192
格勒内勒-圣日耳曼街◎◎Rue de Grenelle-Saint-Germain◎◎192
格罗，安托万-让（画家）◎◎Antoine-Jean Gros◎◎443
格扎维埃·普利瓦街◎◎Rue Xavier-Privas◎◎312
根西岛◎◎Guernesey◎◎41
公主花园◎◎Jardin de l'Infante◎◎204，345
公主街◎◎Rue Princesse◎◎369
拱廊街◎◎Rue de l'Arcade◎◎313
古戎，让（雕塑家）◎◎Jean Goujon◎◎91，139，265
谷物交易所◎◎Halle aux Blés◎◎360
国家广场◎◎Place de la Nation◎◎45
国家胜利剧院◎◎Théâtre des Victoires Nationales◎◎105
国民公会◎◎Convention nationale◎◎99
国王喷泉街◎◎Rue de la Fontaine-au-Roi◎◎30，323

H 哈哈死胡同◎◎Cul-de-Sac du Ha！Ha！◎◎127
海军上将街◎◎Rue des Amiraux◎◎344
汉诺威阁◎◎Pavillon de Hanovre◎◎67
汉诺威街◎◎Rue de Hanovre◎◎254
和平喷泉◎◎Fontaine de la Paix◎◎147
亨利二世（国王）◎◎Henri II◎◎361
亨利·加利街心公园◎◎Square Henri-Galli◎◎277
亨利三世（国王）◎◎Henri III◎◎239
亨利四世（国王）◎◎Henri IV◎◎38，45，137，210，234，239
亨利四世中学◎◎Lycée Henri IV◎◎118

红孩子街◎◎Rue des Enfants-Rouges◎◎432
红孩子街区◎◎Quartier des Enfants-Rouges◎◎90
红衣主教宫◎◎Palais-Cardinal◎◎410
红衣主教咖啡馆◎◎Café Cardinal◎◎327
猴子街◎◎Rue des Singes◎◎24
猴子小巷◎◎Passage des Singes◎◎24
花市滨河路◎◎Quai aux Fleurs◎◎113
皇港大道◎◎Boulevard de Port-Royal◎◎165
皇宫大道◎◎Boulevard du Palais◎◎374
皇冠地铁站◎◎Station Couronnes◎◎320
皇冠街◎◎Rue des Couronnes◎◎332
皇家宫殿◎◎Palais-Royal◎◎158，257，292，302，335，343，410
皇家广场◎◎Place Royale◎◎25
皇家街◎◎Rue Royale◎◎144
皇家桥◎◎Pont Royal◎◎399，413
灰渣圣母院◎◎Notre-Dame-des-Gravois◎◎103
灰渣新城◎◎Ville-Neuve-en-Gravois◎◎103
回转栏小街◎◎Ruelle des Tourniquets◎◎73
彗星街◎◎Rue de la Comète◎◎364
火枪手旅馆◎◎Auberge des Mousquetaires◎◎299

J

基督慈善圣母花园◎◎Jardins des Dames du Bon Pasteur◎◎68
吉尔贝，埃米尔·雅克（建筑师）◎◎Émile Jacques Gilbert◎◎354
吉拉尔-拉佩（土地所有者）◎◎Girard-Lappe◎◎337
吉马尔，埃克托尔（建筑师）◎◎Hector Guimard◎◎53，324
纪耶隐修士街◎◎Rue des Guillemites◎◎24
加布里埃尔大街◎◎Avenue Gabriel◎◎131
加夫罗契（小说人物）◎◎Gavroche◎◎301
佳音墓地◎◎Cimetière Bonne-Nouvelle◎◎387
佳音小丘◎◎Butte Bonne-Nouvelle◎◎103
嘉布遣会初修院◎◎Noviciat des Capucins 247
嘉布遣会修女街◎◎Rue des Capucines◎◎246
嘉布遣会修女林荫大道◎◎Boulevard des Capucines◎◎135，246
嘉德兰街◎◎Rue Galande◎◎19
煎饼磨坊◎◎Moulin de la Galette◎◎154
金门站◎◎Porte Dorée◎◎65
金色国王街◎◎Rue du Roi-Doré◎◎125

景观街◎◎Rue du Regard◎◎227
君士坦丁（水泵）◎◎Constantine◎◎182

K 卡代（家族姓氏）◎◎Cadet◎◎167
卡代街◎◎Rue Cadet◎◎167
卡尔波，让·巴蒂斯特（雕塑家）◎◎Jean-Baptiste Carpeaux◎◎216
卡弗利耶，皮埃尔-朱尔（雕塑家）◎◎Pierre-Jules Cavelier◎◎138
卡普拉拉，乔瓦尼·巴蒂斯塔（意大利红衣主教）◎◎Giovanni Battista Caprara◎◎110
卡塞尔公馆◎◎Hôtel de Cassel◎◎455
卡塞特街◎◎Rue Cassette◎◎455
卡斯泰，皮埃尔（军官）◎◎Pierre Castex◎◎224
卡斯泰街◎◎Rue Castex◎◎224
卡特朗，阿尔诺（游吟诗人）◎◎Arnault Catelan◎◎140
卡特朗，泰奥菲勒（看门人）◎◎Théophile Catelan◎◎140
卡特朗草地◎◎Pré Catelan◎◎140
卡特朗十字架◎◎Croix Catelan◎◎140
卡特琳·德·美第奇公馆◎◎Hôtel de Catherine de Médicis◎◎361
柯罗，让-巴蒂斯特-卡米耶（画家）◎◎Jean-Baptiste-Camille Corot◎◎102
科贝尔公馆街◎◎Rue de l'Hôtel-Colbert◎◎428
科尔代，夏洛特（刺客）◎◎Charlotte Corday◎◎258，434
科尔德利耶学院◎◎Collège des Cordeliers◎◎449
科尔泰利，弗兰奇斯科·普罗科皮奥·代（咖啡馆经营者）◎◎Francisco Procopio dei Coltelli◎◎286
科基列，皮埃尔（土地所有者）◎◎Pierre Coquillier◎◎294
科基列尔街◎◎Rue Coquillière◎◎294
科勒特，奥古斯特（见义勇为者）◎◎Auguste Collette◎◎100
科勒特街◎◎Rue Collette◎◎100
科马丹街◎◎Rue Caumartin◎◎247，408
科马丹，勒费夫尔·德（巴黎市长）◎◎Le Febvre de Caumartin◎◎408
科庞男爵夫人◎◎Baronne Coppens◎◎389
科维萨尔街◎◎Rue Corvisart◎◎253
克里尼昂古尔街◎◎Rue de Clignancourt◎◎418
克利松公馆◎◎Hôtel de Clisson◎◎417
克利希（地名）◎◎Clichy◎◎180
克利希广场◎◎Place Clichy◎◎18，45
克列孟梭，乔治（总理）◎◎Georges Clemenceau◎◎448
克鲁莱巴尔贝，让·德（土地所有者）◎◎Jean de Croulebarbe◎◎253

克鲁莱巴尔贝街◎◎Rue Croulebarbe◎◎253
克鲁莱巴尔贝街区◎◎Quartier de Croulebarbe◎◎253
克洛德·沙于街◎◎Rue Claude-Chahu◎◎188
克洛瓦-弗班街◎◎Rue Croix-Faubin◎◎117
克洛维（国王）◎◎Clovis◎◎64
克洛维塔楼◎◎Tour Clovis◎◎118
克吕尼公馆◎◎Hôtel de Cluny◎◎280
孔代亲王街◎◎Rue Monsieur-le-Prince◎◎265
孔代亲王（第八代），路易-约瑟夫·德·波旁（贵族）◎◎Louis-Joseph de Bourbon, Prince de Condé◎◎221
孔德，奥古斯特（哲学家）◎◎Auguste Comte◎◎371
孔蒂滨河路◎◎Quai Conti◎◎240
孔多塞高中◎◎Lycée Condorcet◎◎247
枯树街◎◎Rue de l'Arbre-Sec◎◎139，299，355
苦痛磨坊◎◎Moulin des Douleurs◎◎174
库尔塞勒大道◎◎Boulevard de Courcelles◎◎1
库尔塞勒街◎◎Rue de Courcelles◎◎146
库尔塞勒小村◎◎Hameau de Courcelles◎◎146
库斯图，纪尧姆（雕塑家）◎◎Guillaume Coustou◎◎108
快活街◎◎Rue de la Gaîté◎◎50

L 拉巴尔骑士街◎◎Rue du Chevalier-de-la-Barre◎◎416
拉博埃西街◎◎Rue La Boétie◎◎8
拉布鲁斯特，亨利（建筑师）◎◎Henri Labrouste◎◎169
拉法耶特侯爵，吉尔贝·迪莫捷（贵族、军事家）◎◎Gilbert du Motier, Marquis de La Fayette◎◎218，273
拉封丹，让·德（诗人）◎◎Jean de La Fontaine◎◎172
拉封丹街◎◎Rue La Fontaine◎◎6，53
拉福雷，皮昂·德（土地所有者）◎◎Pihan de Laforest◎◎340
拉克洛瓦小路◎◎Chemin de la Croix◎◎6
拉利克，勒内（建筑师）◎◎René Lalique◎◎189
拉罗谢尔（地名）◎◎La Rochelle◎◎393
拉罗谢尔，亨利（剧院经理）◎◎Henri La Rochelle◎◎50
拉罗谢尔街◎◎Rue La Rochelle◎◎50
拉穆瓦尼翁公馆◎◎Hôtel de Lamoignon◎◎209
拉内拉格（公共舞厅）◎◎Ranelagh◎◎185
拉内拉格（一世伯爵），理查德·琼斯（爱尔兰贵族）◎◎Richard Jones, 1st Earl of

Ranelagh◎◎185
拉佩街◎◎Rue de Lappe◎◎337
拉普拉斯（姓氏）◎◎Laplace◎◎284
拉塞公馆◎◎Hôtel de Lassay◎◎221
拉沙佩勒（地名）◎◎La Chapelle◎◎180
拉沙佩勒公墓◎◎Cimetière de la Chapelle◎◎121
拉沙佩勒门◎◎Porte de La Chapelle◎◎292
拉斯帕伊大道◎◎Boulevard Raspail◎◎274
拉瓦锡，安托万（化学家）◎◎Antoine Lavoisier◎◎1，377
拉瓦赞（投毒犯）◎◎La Voisin◎◎430
拉维莱特（地名）◎◎La Villette◎◎180，250
拉维罗特，朱尔（建筑师）◎◎Jules Lavirotte◎◎188
拉谢尔（演员）◎◎Mademoiselle Rachel◎◎429
拉辛，让（剧作家）◎◎Jean Racine◎◎9，181
拉雪兹公墓◎◎Cimetière du Père-Lachaise◎◎2，112，225，397
拉雪兹神父◎◎Père Lachaise◎◎2
喇沙，圣若翰（教士、教育家）◎◎Jean-Baptiste de la Salle◎◎369
莱尔米特，亚当（商人）◎◎Adam l'Hermite◎◎194
莱尔米特井街◎◎Rue du Puits-de-l'Ermite◎◎194
蓝街◎◎Rue Bleue◎◎89
朗雅克阁◎◎Pavillon de Langeac◎◎26
劳，约翰（苏格兰财政金融家）◎◎John Law◎◎283
老灯笼街◎◎Rue de la Vieille-Lanterne◎◎220
老鸽巢街◎◎Rue du Vieux-Colombier◎◎455
老喜剧院街◎◎Rue de l'Ancienne-Comédie◎◎286
乐蓬马歇商场◎◎Le Bon Marché◎◎346
勒巴斯，伊波利特（建筑师）◎◎Hippolyte Le Bas◎◎407
勒格兰，欧仁（雕塑家）◎◎Eugène Legrain◎◎216
勒努瓦，亚历山大（考古学家）◎◎Alexandre Lenoir◎◎112
勒诺多，泰奥夫拉斯特（医生、报人、慈善家）◎◎Théophraste Renaudot◎◎195
勒诺特尔，安德烈（建筑师）◎◎André Le Nôtre◎◎193
勒佩尔蒂埃街◎◎Rue Le Pelletier◎◎254
勒佩勒捷街◎◎Rue Le Peletier◎◎408
勒佩勒捷，雅克-路易（巴黎市长）◎◎Jacques-Louis Le Peletier◎◎408
勒瓦卢瓦-佩雷◎◎Levallois-Perret◎◎60，146
勒旺森林街◎◎Rue du Bois-Levant◎◎290
勒威耶，于尔班（天文学家）◎◎Urbain Le Verrier◎◎153

雷博，路易◎◎Louis Reybaud（作家）◎◎386
雷恩街◎◎Rue de Rennes◎◎227
雷卡米耶夫人（朱丽叶·雷卡米耶）（沙龙主持人）◎◎Mme Récamier (Juliette Récamier)◎◎358
雷卡米耶街◎◎Rue Récamier◎◎358
雷努阿尔街◎◎Rue Raynouard◎◎85
黎塞留（公爵），阿尔芒·让·迪普莱西（红衣主教）◎◎Armand Jean du Plessis, Duc de Richelieu◎◎327, 410
黎塞留公爵花园◎◎Jardins du Duc de Richelieu◎◎271
黎塞留街◎◎Rue Richelieu◎◎45, 75, 92, 228, 307, 327
李，亚瑟（美国外交家）◎◎Arthur Lee◎◎278
里尼伯爵，亨利·戈蒂埃（海军将领）◎◎Henri Gauthier, Comte de Rigny◎◎421
里尼街◎◎Rue de Rigny◎◎421
里沃利街◎◎Rue de Rivoli◎◎99, 211, 334
里歇尔，让-夏尔（巴黎副市长）◎◎Jean-Charles Richer◎◎166, 395
里歇尔街◎◎Rue Richer◎◎166,395
立法团◎◎Corps Législatif◎◎223
立法议会◎◎Assemblée législative◎◎99
丽达浅浮雕◎◎Bas-relief Représentant Léda◎◎227
利昂古的拉罗什富科公爵（贵族、社会活动家）◎◎Duc de la Rochefoucauld et Liancourt◎◎144
利奥波德·贝朗基金会医院◎◎Hôpital de l'Association Léopold-Bellan◎◎160
利特雷，埃米尔（医学家、哲学家）◎◎Émile Littré◎◎233
利特雷街◎◎Rue Littré◎◎81
利翁楼◎◎Hôtel des Lions◎◎231
列奥米尔街◎◎Rue Réaumur◎◎431
龙德勒，让-巴蒂斯特（建筑师）◎◎Jean-Baptiste Rondelet◎◎438
卢浮岛◎◎Île du Louvre◎◎234
卢浮宫◎◎Musée du Louvre◎◎158, 204, 291, 345, 422
卢浮宫滨河路◎◎Quai du Louvre◎◎286
卢森堡博物馆◎◎Musée du Luxembourg◎◎366
卢森堡公园◎◎Jardins du Luxembourg◎◎227
卢梭，让-雅克（启蒙思想家）◎◎Jean-Jacques Rousseau◎◎442
卢维埃岛◎◎Île Louviers◎◎234
鲁波，安德烈-雅克（木匠）◎◎André-Jacques Roubo◎◎78
鲁波街◎◎Rue Roubo◎◎78
鲁弗雷森林◎◎Forêt de Rouvray◎◎55

鲁塞尔，普拉西德（修道院长）◎◎Placide Roussel◎◎359
鹿桥小巷◎◎Passage du Pont-aux-Biches◎◎94
路易（“大太子”）◎◎Louis de France (Grand Dauphin)◎◎303
路易·菲力浦（国王）◎◎Louis-Philippe◎◎52，201，386
路易·菲力浦桥◎◎Pont Louis-Philippe◎◎262
路易九世（国王）◎◎Saint-Louis◎◎45，305
路易十六（国王）◎◎Louis XVI◎◎278
路易十三（国王）◎◎Louis XIII◎◎45，125，206，380，393，432
路易十四（国王）◎◎Louis XIV◎◎2，45，57，210，303，379，380
路易十五（国王）◎◎Louis XV◎◎140，345，436
伦巴第街◎◎Rue des Lombards◎◎311
伦福德（伯爵），本杰明·汤普森（英国物理学家）◎◎Benjamin Thompson, Count Rumford◎◎207
伦福德街◎◎Rue Rumford◎◎208
罗贝尔，于贝尔（画家）◎◎Hubert Robert◎◎400
罗伯斯庇尔，马克西米利安（政治人物）◎◎Maximilien Robespierre◎◎1
罗代耶，罗曼（修道院长）◎◎Romain Rodayer◎◎359
罗吉尔·培根街◎◎Rue Roger-Bacon◎◎73
罗兰街◎◎Rue Rollin◎◎260
罗马大道◎◎Voie romaine◎◎29
罗特席尔德死胡同◎◎Impasse Rothschild◎◎349
罗维尼（姓氏）◎◎Rovigny◎◎356
罗西尼，焦阿基诺（作曲家）◎◎Gioachino Rossini◎◎446，447
罗谢街◎◎Rue du Rocher◎◎1
洛雷特圣母院◎◎Église Notre-Dame-de-Lorette◎◎407
吕布兰，尼古拉（发明家）◎◎Nicolas Leblanc◎◎439
吕泰斯（巴黎旧称）◎◎Lutèce◎◎109
绿荫街◎◎Rue du Vertbois◎◎316
绿荫塔◎◎Tour du Vertbois◎◎316

M

马尔伯夫街◎◎Rue Marbeuf◎◎270
马尔博大道◎◎Boulevard Marbeau◎◎133
马尔加代街◎◎Rue Marcadet◎◎111，121，427
马尔利城堡◎◎Château de Marly◎◎379
《马尔利马群像》◎◎Chevaux de Marly◎◎108
马尔利饮水槽◎◎Abreuvoir de Marly◎◎108
马孔-索邦街◎◎Rue des Mâcons-Sorbonne◎◎124

马拉，让-保罗（政治人物）◎◎Jean-Paul Marat◎◎258，434，442
马拉凯滨河路◎◎Quai Malaquais◎◎175，206，414，
马拉霍夫（俄国地名）◎◎Malakoff◎◎367
马勒泽布大道◎◎Boulevard Malesherbes◎◎208
马里，克里斯托夫（建筑商）◎◎Christophe Marie◎◎39
马里尼侯爵，阿贝尔-弗朗索瓦·普瓦松·德·旺迪耶埃（贵族）◎◎Abel-François Poisson de Vandières, Marquis de Marigny◎◎193
马里桥◎◎Pont Marie◎◎39
马伦戈凯旋门◎◎Arc de Marengo◎◎57
马让迪，弗朗索瓦（生理学家）◎◎François Magendie◎◎218
马萨公馆◎◎Hôtel de Massa◎◎26
马萨林街◎◎Rue Mazarine◎◎309
马萨林图书馆◎◎Bibliothèque Mazarine◎◎80
马塞尔，埃蒂安（巴黎市长）◎◎Étienne Marcel◎◎408
马特尔街◎◎Rue Martel◎◎395
马特尔，米歇尔（巴黎副市长）◎◎Michel Martel◎◎395
马提尼克岛◎◎Martinique◎◎203
马提翁大街◎◎Avenue Matignon◎◎456
马翁港◎◎Port-Mahon◎◎271
马翁港街◎◎Rue de Port-Mahon◎◎271
马约门◎◎Porte Maillot◎◎66，404
玛黑街◎◎Rue des Marais◎◎181
玛黑剧院◎◎Théâtre du Marais◎◎248
玛丽-安托瓦内特（王后）◎◎Marie-Antoinette◎◎48，120
玛丽-路易丝（皇后）◎◎Marie-Louise◎◎272
玛丽-罗丝街◎◎Rue Marie-Rose◎◎149
玛丽亚-特蕾西亚（女王）◎◎Marie-Thérèse◎◎48
玛赞公馆◎◎Hôtel Mazin◎◎218
麦尔加代（地名）◎◎Mercadée◎◎111
麦尔加德（地名）◎◎Mercade◎◎111
《曼侬·莱斯戈》◎◎*Manon Lescaut*◎◎206
曼努埃尔（共和派政治人物）◎◎Manuel◎◎389
梅尔瓦特，保罗（画家）◎◎Paul Merwart◎◎203
梅莱街◎◎Rue Meslay◎◎94
梅尼蒙当（地名）◎◎Ménilmontant◎◎332
梅尼蒙当站◎◎Station Ménilmontant◎◎320
梅尼蒙当小河◎◎Ruisseau de Ménilmontant◎◎8，270

梅诺卡岛◎◎Île de Minorque◎◎271
梅西耶，路易（巴黎副市长）◎◎Louis Mercier◎◎395
梅西耶街◎◎Rue Mercier◎◎395
美第奇，卡特琳·德（王后）◎◎Catherine de Médicis◎◎174，360
美第奇喷泉◎◎Fontaine Médicis◎◎227
美国广场◎◎Place des États-Unis◎◎16，183
美景街◎◎Rue Beauregard◎◎341，430
美丽城◎◎Belleville◎◎180，332
美洲采石场（地名）◎◎Carrières d'Amérique◎◎196
美洲街区◎◎Quartier d'Amérique◎◎196
蒙鲁日◎◎Montrouge◎◎180
蒙马特（地名）◎◎Montmartre◎◎180
蒙马特街◎◎Rue Montmartre◎◎48，235
蒙马特圣伯多禄堂◎◎Église Saint-Pierre de Montmartre◎◎121，129
蒙莫尔公馆◎◎Hôtel de Montmor◎◎122
蒙帕纳斯大道◎◎Boulevard du Montparnasse◎◎82，274
蒙帕纳斯公墓◎◎Cimetière Montparnasse◎◎174
蒙帕纳斯街◎◎Rue du Montparnasse◎◎411
蒙帕纳斯剧院◎◎Théâtre Montparnasse◎◎50
蒙塞，邦-阿德里安·让诺·德（元帅）◎◎Bon-Adrien Jeannot de Moncey◎◎45
蒙苏里公园◎◎Parc Montsouris◎◎3
蒙索公园◎◎Parc Monceau◎◎17，266，403
蒙索街◎◎Rue de Monceau◎◎1
蒙特勒伊街◎◎Rue de Montreuil◎◎78
米埃特城堡◎◎Château de la Muette◎◎336
米拉波（伯爵），奥诺雷·加布里埃尔·里凯蒂（政治人物）◎◎Honoré Gabriel Riqueti, Comte de Mirabeau◎◎150，442
米龙，弗朗索瓦（巴黎市长）◎◎François Miron◎◎408
米尼姆湖◎◎Lac des Minimes◎◎267
米尼亚尔，皮埃尔（画家）◎◎Pierre Mignard◎◎228
米什莱，儒勒（历史学家、作家）◎◎Jules Michelet◎◎83，184
免税布尔乔亚街◎◎Rue des Francs-Bourgeois◎◎74，255
缪拉，若阿基姆（元帅）◎◎Joachim Murat◎◎152
缪塞，阿尔弗雷德·德（诗人）◎◎Alfred de Musset◎◎197，208
磨坊小丘◎◎Butte des Moulins◎◎259
磨坊主街◎◎Rue des Meuniers◎◎101
莫兰（弗朗索瓦-路易·德·莫兰）（军官）◎◎Morland (François-Louis de Mor-

lan) ◎◎224

莫兰大道◎◎Boulevard Morland◎◎224

莫莱街◎◎Rue Molay◎◎432

莫里哀（让-巴蒂斯特·波克兰）（剧作家）◎◎Molière (Jean-Baptiste Poquelin)◎◎45，92

莫里哀拱廊街◎◎Passage Molière◎◎93

莫里哀剧院◎◎Théâtre Molière◎◎93

莫里哀喷泉◎◎Fontaine Molière◎◎187

莫利纳磨坊◎◎Moulin Moliniste◎◎174

墨洛温王朝◎◎Mérovingiens◎◎70

《木匠的艺术》◎◎*Art du menuisier*◎◎78

N

拿破仑一世（拿破仑·波拿巴）（皇帝）◎◎Napoléon Ier◎◎5，18，45，59，152，246，272，443

纳瓦里诺（希腊地名）◎◎Navarin◎◎421

奈瓦尔，钱拉·德（诗人）◎◎Gérard de Nerval◎◎219

奈伊，米歇尔（元帅）◎◎Michel Ney◎◎45

南特旅馆◎◎Hôtel de Nantes◎◎135

讷伊（地名）◎◎Neuilly◎◎60，180

讷伊门◎◎Porte de Neuilly◎◎66，193

内勒塔◎◎Tour de Nesle◎◎80

尼古拉二世（沙皇）◎◎Nicolas II◎◎159

牛岛◎◎Île aux Vaches◎◎234

女监狱◎◎Prison de la Petite-Force◎◎209

O

欧贝维利耶◎◎Aubervilliers◎◎180

欧仁妮皇后◎◎Impératrice Eugénie◎◎348

欧特伊（地名）◎◎Auteuil◎◎12，180

欧特伊公墓◎◎Cimetière d’Auteuil◎◎207

欧特伊教堂◎◎Église d’Auteuil◎◎32

欧特伊赛马场◎◎Hippodrome d’Auteuil◎◎347

P

帕努瓦约街◎◎Rue des Panoyaux◎◎319

帕潘，德尼（发明家）◎◎Denis Papin◎◎439

帕普-卡尔庞捷街◎◎Rue Pape-Carpentier◎◎6

帕茹，奥古斯丁（雕塑家）◎◎Augustin Pajou◎◎91

帕斯卡尔（咖啡馆经营者姓氏）◎◎Pascal◎◎286

帕斯卡，布莱瑟（数学家、物理学家、哲学家）◎◎Blaise Pascal◎◎138，289
帕斯图雷尔街◎◎Rue Pastourelle◎◎28，432
帕斯托雷侯爵，克洛德·埃玛纽埃尔·约瑟夫·皮埃尔（政治人物）◎◎Claude Emmanuel Joseph Pierre, Marquis de Pastoret◎◎441
帕西（地名）◎◎Passy◎◎6，12，179
帕耶纳街◎◎Rue Payenne◎◎371
派拉蒙电影院◎◎Le Paramount◎◎387，396
庞坦（地名）◎◎Pantin◎◎180
培根（土地所有者姓氏）◎◎Bacon◎◎73
培根，罗吉尔（英国哲学家、科学家）◎◎Roger Bacon◎◎73
培根街◎◎Rue Bacon◎◎73
培雷火山◎◎Mont-Pelé◎◎203
佩雷兄弟◎◎Frères Perret◎◎297
佩里耶，奥古斯特-夏尔（水务公司经营者）◎◎Auguste-Charles Périer◎◎182
佩里耶，迪·穆里埃·迪（消防局长）◎◎du Mouriez du Perrier◎◎309
佩里耶，雅克-康斯坦丁（水务公司经营者）◎◎Jacques-Constantin Périer◎◎182
佩罗，克洛德（建筑师）◎◎Claude Perrault◎◎69，291
佩尚街◎◎Rue des Perchamps◎◎326
喷泉小巷◎◎Passage de la Duée◎◎51，415
蓬蒂厄街◎◎Rue de Ponthieu◎◎456
丕街◎◎Rue de la Py◎◎47
皮克皮斯门◎◎Porte de Picpus◎◎65
皮隆，热尔曼（雕塑家）◎◎Germain Pilon◎◎241，315
皮托（地名）◎◎Puteaux◎◎232
铺石街◎◎Rue Pavée◎◎209，324
葡萄藤岛◎◎Île aux Treilles◎◎234
普莱纳-蒙索公墓◎◎Cimetière de la Plaine-Monceau◎◎1
普雷欧克莱克（地名）◎◎Pré-aux-Clercs◎◎213
普雷-圣热尔韦（地名）◎◎Pré-Saint-Gervais◎◎180
普雷沃神父（作家）◎◎Abbé Prévost◎◎206
普利街◎◎Rue des Poulies◎◎424
普罗科布咖啡馆◎◎Café Procope◎◎286
普瓦耶，贝尔纳（建筑师）◎◎Bernard Poyet◎◎223
普歇小巷◎◎Passage Pouchet◎◎82

Q 七月圆柱◎◎Colonne de Juillet◎◎300，301
骑兵竞技广场◎◎Place du Carrousel◎◎22，303，403

骑兵竞技桥◎◎Pont du Carrousel◎◎406
骑士圣殿◎◎Temple◎◎8，432
骑术院◎◎Salle du Manège◎◎99
乔治·比才街◎◎Rue Georges-Bizet◎◎73
乔治·缪洛广场◎◎Place Georges-Mulot◎◎173
切尔西（英国地名）◎◎Chelsea◎◎185
穷人圣朱利安教堂◎◎Église Saint-Julien-le-Pauvre◎◎29
屈雅斯街◎◎Rue Cujas◎◎268
曲形街◎◎Rue Serpente◎◎104
全景廊街◎◎Passage des Panoramas◎◎34

R “冉森派”磨坊◎◎Moulin « janséniste »◎◎174
让·古戎街◎◎Rue Jean-Goujon◎◎31
让蒂伊（地名）◎◎Gentilly◎◎180
让-雅克·卢梭街◎◎Rue Jean-Jacques-Rousseau◎◎172
热拉尔，孔拉尔·亚历山大（外交官）◎◎Conrad Alexandre Gérard◎◎278
《热罗姆·帕蒂罗》◎◎*Jérôme Paturot*◎◎386
热南咖啡馆◎◎Café Génin◎◎287
热诺尔街◎◎Rue des Jeûneurs◎◎238
仁慈教会◎◎La Miséricorde◎◎174
荣军院◎◎Les Invalides◎◎422
荣军院桥◎◎Pont des Invalides◎◎234
荣誉勋位街◎◎Rue du Commandeur◎◎84
容基埃侯爵，雅克（-皮埃尔）·德·塔法雷尔（中将、加拿大总督）◎◎Jacques-Pierre de Taffarel, Marquis de la Jonquière◎◎401
容基埃街◎◎Rue de la Jonquière◎◎401
茹安维尔亲王，奥尔良的弗朗索瓦（海军将领）◎◎François d'Orléans, Prince de Joinville◎◎272
茹尔当大道◎◎Boulevard Jourdan◎◎154
茹思耶街◎◎Rue de la Jussienne◎◎235
瑞典学院◎◎Collège de Suesse◎◎104
瑞士近卫军营房◎◎Caserne de Gardes suisses◎◎26

S 撒旦死胡同◎◎Impasse Satan◎◎156
撒玛利亚（汲水设施）◎◎Samaritaine◎◎38
萨盖妈妈小酒馆◎◎Cabaret de la mère Saguet◎◎160
萨朗布里埃死胡同◎◎Impasse Salembrière◎◎415

萨沙利街◎◎Rue Sachalie◎◎312
萨瓦教区◎◎Diocèse de Savoie◎◎256
萨瓦雅尔德（钟）◎◎Savoyarde◎◎256
塞夫勒（地名）◎◎Sèvres◎◎232
塞夫勒街◎◎Rue de Sèvres◎◎358
塞夫勒桥◎◎Pont de Sèvres◎◎302
塞纳岛◎◎Île de Seine◎◎234
塞纳河◎◎La Seine◎◎8，37，38，60，182，234，240，270，275，413
塞纳河畔布洛涅◎◎Boulogne-sur-Seine◎◎232
塞努奇博物馆◎◎Musée Cernuschi◎◎435
塞瓦斯托波尔大道◎◎Boulevard de Sébastopol◎◎4，374
塞万多尼，乔瓦尼·尼科洛（建筑师）◎◎Giovanni Niccolò Servandoni◎◎54，87
塞万多尼街◎◎Rue Servandoni◎◎54
赛义德帕夏（埃及总督）◎◎Saïd Pacha◎◎357
赛义德别墅◎◎Villa Saïd◎◎357
三边街◎◎Rue des Trois-Bornes◎◎30
三皇冠街◎◎Rue des Trois-Couronnes◎◎332
三角磨坊◎◎Moulin des Trois-Cornets◎◎174
桑泰尔兄弟酒馆◎◎Brasserie du frère de Santerre◎◎26
桑西耶街◎◎Rue Censier◎◎200
森林修道院◎◎Abbaye-aux-Bois◎◎358
沙地广场◎◎Place de Grève◎◎425
沙尔格兰，让-弗朗索瓦（建筑师）◎◎Jean-François Chalgrin◎◎201
沙尔尼公馆◎◎Hôtel de Charny◎◎373
沙尔庞捷街◎◎Rue Charpentier◎◎6
沙朗东街◎◎Rue de Charenton◎◎42，101
沙罗纳◎◎Charonne◎◎180
沙罗纳街◎◎Rue de Charonne◎◎61，445
沙普，克洛德（发明家）◎◎Claude Chappe◎◎129
沙普塔尔学校◎◎Collège Chaptal◎◎402
沙特莱（地名）◎◎Châtelet◎◎305，354
沙特莱喷泉◎◎Fontaine du Châtelet◎◎251
莎拉·伯恩哈特剧院◎◎Théâtre Sarah-Bernhardt◎◎220
商品交易所◎◎Bourse de Commerce◎◎360，361
商事裁判官街◎◎Rue des Juges-Consuls◎◎382
商事法院◎◎Tribunal de Commerce◎◎374
尚蒂伊小村◎◎Hameau de Chantilly◎◎151

尚佩涅，菲利普·德（画家）◎◎Philippe de Champaigne◎◎329
深谷修道院◎◎Abbaye du Val-Profond◎◎381
神学院小径◎◎Allée du Séminaire◎◎147，245
圣埃蒂安迪蒙教堂◎◎Église Saint-Étienne du Mont◎◎9，62
圣埃蒂安新街◎◎Rue Neuve-Saint-Étienne◎◎260
圣埃克絮佩里（姓氏）◎◎Saint-Exupère◎◎249
圣安妮街◎◎Rue Sainte-Anne◎◎168，259
圣安托万城郊街◎◎Rue du Faubourg-Saint-Antoine◎◎61，78
圣安托万街◎◎Rue Saint-Antoine◎◎276，334
圣奥波尔蒂纳教堂◎◎Église Sainte-Opportune◎◎164
圣奥诺雷城郊街◎◎Rue du Faubourg-Saint-Honoré◎◎348
圣奥诺雷街◎◎Rue Saint-Honoré◎◎98，106，120，139，314
圣奥诺雷门◎◎Porte Saint-Honoré◎◎106
圣奥诺雷市场街◎◎Rue du Marché-Saint-Honoré◎◎98
圣保罗地铁站◎◎Station Saint-Paul◎◎368
圣保罗街◎◎Rue Saint-Paul◎◎231
圣保罗-圣路易教堂◎◎Église Saint-Paul-Saint-Louis◎◎11
圣彼得港◎◎Saint-Pierre-Port◎◎41
圣伯夫，夏尔·奥古斯丁◎◎Charles Augustin Sainte-Beuve◎◎411
圣查理街◎◎Rue Saint-Charles◎◎190
圣宠谷教堂◎◎Église du Val-de-Grâce◎◎380
圣宠谷修道院◎◎Abbaye du Val-de-Grâce◎◎381
圣宠谷医院◎◎Hôpital du Val-de-Grâce◎◎381
圣德尼大教堂◎◎Basilique de Saint-Denis◎◎200
圣德尼地区◎◎Faubourg Saint-Denis◎◎8
圣德尼街◎◎Rue Saint-Denis◎◎63，132，184，431
圣德尼门◎◎Porte Saint-Denis◎◎57，244
圣德尼修道院◎◎Abbaye de Saint-Denis◎◎112
圣殿街◎◎Rue du Temple◎◎122
圣殿老街◎◎Rue Vieille-du-Temple◎◎24，74，215，248
圣多明各岛◎◎Île de Saint-Dominique◎◎124
圣多明各街◎◎Rue Saint-Dominique◎◎317
圣法尔若，勒佩勒捷·德（政治人物）◎◎Le Peletier de Saint-Fargeau◎◎442
圣父恩慈会女修院◎◎Couvent des Révérends Pères de la Mercy◎◎417
圣父街◎◎Rue des Saints-Pères◎◎56，434
圣路易岛◎◎Île Saint-Louis◎◎234，413
圣路易医院◎◎Hôpital Saint-Louis◎◎40，137

圣罗曼街◎◎Rue Saint-Romain◎◎359
圣罗什教堂◎◎Église Saint-Roch◎◎5，9
圣罗什墓地◎◎Cimetière Saint-Roch◎◎387
圣马丁德尚修道院◎◎Abbaye Saint-Martin-des-Champs◎◎316
圣马丁地区◎◎Faubourg Saint-Martin◎◎8
圣马丁街◎◎Rue Saint-Martin◎◎93，94，219，316，352
圣马丁门◎◎Porte Saint-Martin◎◎57
圣马丁门剧院◎◎Théâtre de la Porte-Saint-Martin◎◎338，339
圣马丁隐修院◎◎Cour Saint-Martin◎◎94
圣马丁运河◎◎Canal Saint-Martin◎◎44
圣马克街◎◎Rue Saint-Marc◎◎236
圣马塞尔大道◎◎Boulevard Saint-Marcel◎◎149
圣马塞尔沟渠街◎◎Rue des Fossés-Saint-Marcel◎◎89
圣芒代（地名）◎◎Saint-Mandé◎◎180
圣梅里隐修院◎◎Cloître Saint-Merri◎◎382
圣米歇尔大道◎◎Boulevard Saint-Michel◎◎4，268，374
圣母岛◎◎Île Notre-Dame◎◎234
圣母得胜大教堂◎◎Basilique Notre-Dame-des-Victoires de Paris◎◎393
圣母领报教堂◎◎Église Notre-Dame-de-Bonne-Nouvelle de Paris◎◎103
圣母桥◎◎Pont Notre-Dame◎◎400
圣母升天会修女街◎◎Rue des Haudriettes◎◎417
圣尼古拉码头◎◎Port Saint-Nicolas◎◎234
圣女热纳维耶芙教堂（今先贤祠）◎◎Église Sainte-Geneviève◎◎438，441，444
圣女热纳维耶芙图书馆◎◎Bibliothèque Sainte-Geneviève◎◎169
圣女热纳维耶芙修道院◎◎Abbaye Sainte-Geneviève◎◎70，118
圣欧仁教堂◎◎Église Saint-Eugène◎◎114，304
圣皮埃尔，贝纳丹·德（作家）◎◎Bernardin de Saint-Pierre◎◎260
圣皮埃尔广场◎◎Place Saint-Pierre◎◎15
圣普拉西德街◎◎Rue Saint-Placide◎◎205，359
圣日耳曼（车站）◎◎Saint-Germain◎◎252
圣日耳曼奥赛尔教堂◎◎Église Saint-Germain-l'Auxerrois◎◎398
圣日耳曼大道◎◎Boulevard Saint-Germain◎◎162，274
圣日耳曼德佩（地名）◎◎Saint-Germain-des-Prés◎◎370
圣日耳曼德佩教堂◎◎Église Saint-Germain des Prés◎◎9，23，43
圣日耳曼德佩修道院◎◎Abbaye de Saint-Germain-des-Prés◎◎317，359，451，452
圣日耳曼沟渠街◎◎Rue des Fossés-Saint-Germain◎◎286

圣日耳曼集市◎◎Foire Saint-Germain◎◎286
圣日耳曼市场◎◎Marché Saint-Germain◎◎147
圣萨班，夏尔-皮埃尔·当热莱姆·德（巴黎副市长）◎◎Charles-Pierre d'Angelesme de Saint-Sabin◎◎395
圣萨班街◎◎Rue Saint-Sabin◎◎395
圣塞弗兰教堂◎◎Église Saint-Séverin◎◎124
圣塞弗兰街◎◎Rue Saint-Séverin◎◎415
圣斯皮尔街◎◎Rue Saint-Spire◎◎249
圣托马修女街◎◎Rue des Filles-Saint-Thomas◎◎75
圣旺（地名）◎◎Saint-Ouen◎◎180
圣旺大街◎◎Avenue de Saint-Ouen◎◎349
圣维克多私立学院◎◎Institution Saint-Victor◎◎402
圣西蒙（公爵），路易·德·鲁弗鲁瓦（贵族、作家）◎◎Louis de Rouvroy, Duc de Saint-Simon◎◎119
圣肖蒙圣母教堂◎◎Église des Dames de Saint-Chaumond◎◎184
圣心大教堂◎◎Basilique du Sacré-Cœur◎◎256，282，416
圣叙尔皮斯广场◎◎Place Saint-Sulpice◎◎87，147，245
圣叙尔皮斯教堂◎◎Église Saint-Sulpice◎◎54，250，295，379
圣雅克街◎◎Rue Saint-Jacques◎◎29，161，268，285
圣雅克塔楼◎◎Tour Saint-Jacques◎◎138
圣雅克塔楼街心公园◎◎Square de la Tour-Saint-Jacques◎◎46
圣雅克医院◎◎Hôpital Saint-Jacques◎◎63
圣茹斯特，路易·安托万（政治人物）◎◎Louis Antoine de Saint-Just◎◎1
圣约瑟街◎◎Rue Saint-Joseph◎◎157
圣朱利安小教堂◎◎Chapelle Saint-Julien◎◎432
胜利广场◎◎Place des Victoires◎◎45
胜利喷泉◎◎Fontaine de la Victoire◎◎251
施特劳（士兵）◎◎Sthrau◎◎88
施特劳街◎◎Rue Sthrau◎◎88
石膏厂街◎◎Rue Plâtrière◎◎172
市政厅广场◎◎Place de l'Hôtel-de-Ville◎◎425
舒瓦瑟尔拱廊街◎◎Passage Choiseul◎◎52
竖石街◎◎Rue de la Pierre-Levée◎◎30
双税桥◎◎Pont-au-Double◎◎363
水泵公馆◎◎Hôtel des Pompes◎◎309
司法宫◎◎Palais de Justice◎◎241
思康音乐学院◎◎Schola Cantorum◎◎161

斯蒂维耶雷堡街◎◎Rue de Castiglione◎◎99
苏尔迪小街◎◎Ruelle Sourdis◎◎28
苏夫洛，雅克－热尔曼（建筑师）◎◎Jacques-Germain Soufflot◎◎438
苏夫洛街◎◎Rue Soufflot◎◎268
苏利，亨利（钟表商）◎◎Henry Sully◎◎295
苏利－普吕多姆，勒内·弗朗索瓦·阿尔芒（诗人）◎◎René François Armand Sully-Prudhomme◎◎126
索恩河畔沙隆－圣马塞尔（地名）◎◎Saint-Marcel-Lez-Chalon-sur-Saône◎◎112
索福卢瓦街◎◎Rue Sauffroy◎◎134
索利，安托万（巴黎副市长）◎◎Antoine Soly◎◎395
索利街◎◎Rue Soly◎◎395
索马里瓦公馆◎◎Hôtel Sommariva◎◎387
索镇公园◎◎Parc de Sceaux◎◎67

T

塔波尼耶，亚历山大·卡米耶（将军、土地所有者）◎◎Alexandre Camille Taponier◎◎33
塔沃尔山街◎◎Rue du Mont-Thabor◎◎197
台阶街◎◎Rue des Degrés◎◎20
泰布，让－巴蒂斯特（巴黎书记官）◎◎Jean-Baptiste Taitbout◎◎395
泰布街◎◎Rue Taitbout◎◎395
泰尔纳城堡◎◎Château des Ternes◎◎313
泰尔纳街区◎◎Quartier des Ternes◎◎130
泰瑟尔街◎◎Rue du Texel◎◎160
陶瓷楼◎◎Céramic-Hôtel◎◎188
特拉瓦尔喷泉◎◎Fontaine du Trahoir◎◎139
特拉西街◎◎Rue de Tracy◎◎184
特兰西瓦尼旅馆◎◎Hôtel de Transylvanie◎◎206
特罗尼厄喷泉◎◎Fontaine Trogneux◎◎61
特吕代纳，夏尔（蒙蒂尼领主）（巴黎市长）◎◎Charles Trudaine, Seigneur de Montigny◎◎408
特吕代纳大街◎◎Avenue Trudaine◎◎284，408
特吕东，雅克－弗朗索瓦（巴黎副市长）◎◎Jacques-François Trudon◎◎395
特吕东街◎◎Rue Trudon◎◎395
体操剧院◎◎Théâtre du Gymnase◎◎387
体操游戏剧院◎◎Théâtre des Jeux Gymniques◎◎339
天鹅岛◎◎Île aux Cygnes◎◎217，234
天鹅小径◎◎Allée des Cygnes◎◎217

天文台◎◎l'Observatoire de Paris◎◎69，153，154
天文台大街◎◎Avenue de l'Observatoire◎◎45，68
天文台花园◎◎Jardin de l'Observatoire◎◎26，153
天文台喷泉◎◎Fontaine de l'Observatoire◎◎216
铁器制造街◎◎Rue de la Ferronnerie◎◎210
图尔比戈街◎◎Rue de Turbigo◎◎420
图尔农街◎◎Rue de Tournon◎◎286，296
托尔比亚克桥◎◎Pont de Tolbiac◎◎288
托尔蒂岛◎◎Îles de la Tortue◎◎124
托里尼街◎◎Rue de Thorigny◎◎408
托里尼，让-巴蒂斯特·克洛德·朗贝尔·德（巴黎市长）◎◎Jean-Baptiste Claude Lambert de Thorigny◎◎408

W 瓦蒂尼（地名）◎◎Wattignies◎◎88
瓦格纳大街◎◎Avenue de Wagram◎◎188
瓦朗坦·阿维街◎◎Rue Valentin-Haüy◎◎173
瓦卢瓦（家族姓氏）◎◎Valois◎◎266
瓦卢瓦长廊◎◎Galerie de Valois◎◎257
瓦吕贝，让-马里（军官）◎◎Jean-Marie Valhubert◎◎224
瓦吕贝广场◎◎Place Valhubert◎◎224
瓦诺（大学生）◎◎Vaneau◎◎10
瓦万街◎◎Rue Vavin◎◎287
瓦万新街◎◎Rue Neuve-Vavin◎◎287
万塞讷（地名）◎◎Vincennes◎◎368
万塞讷森林◎◎Bois de Vincennes◎◎65，267
王后大道◎◎Cours-la-Reine◎◎131
王后喷泉◎◎Fontaine de la Reine◎◎132
旺多姆（房屋别称）◎◎Vendôme◎◎281
旺多姆广场◎◎Place Vendôme◎◎45，283，419
旺多姆圆柱◎◎Colonne Vendôme◎◎95
旺塔杜尔辅道◎◎Annexe Ventadour◎◎52
旺塔杜尔广场◎◎Place Ventadour◎◎52
旺塔杜尔剧院◎◎Salle Ventadour◎◎52
旺沃（地名）◎◎Vanves◎◎180
巍山街◎◎Rue Montorgueil◎◎48，237，341
韦尔德雷街◎◎Rue Verderet◎◎21
韦尔斯，霍勒斯（美国医生）◎◎Horace Wells◎◎16

韦罗（商人）◎◎Véro◎◎429
韦罗-多达拱廊街◎◎Galerie Véro-Dodat◎◎429
韦斯巴芗神殿◎◎Temple de Vespasien◎◎7
为法兰西而死的勇士作家街心公园路◎◎Square des Écrivains-combattants-morts-pour-la-France◎◎49
维奥莱-勒-迪克，欧仁（建筑师）◎◎Eugène Viollet-le-Duc◎◎143
维尔多，米歇尔（工厂主）◎◎Michel Villedo◎◎259
维尔多街◎◎Rue Villedo◎◎259
维尔曼，让·安托万（医生）◎◎Jean Antoine Villemin◎◎394
维勒鲁瓦公馆◎◎Hôtel de Villeroy◎◎405
维利耶（地名）◎◎Villiers◎◎60
维利耶大街◎◎Avenue de Villiers◎◎60
维利耶拉加雷讷（地名）◎◎Villiers-la-Garenne◎◎60
维尼，阿尔弗雷·德（诗人）◎◎Alfred de Vigny◎◎385
维尼奥勒街◎◎Rue des Vignoles◎◎156
维桑堡◎◎Wissembourg◎◎33
维斯孔蒂街◎◎Rue Visconti◎◎181
维维安·德·圣马克（家族姓氏）◎◎Vivien de Saint-Marc◎◎236
维维恩街◎◎Rue Vivienne◎◎236
维亚尔姆街◎◎Rue de Viarme◎◎408
维亚尔姆领主，让-巴蒂斯特·埃利·加缪·德·蓬卡雷（巴黎市长）◎◎Jean-Baptiste Élie Camus de Pontcarré, Seigneur de Viarme◎◎408
维耶-普利街◎◎Rue des Viez-Poulies◎◎255
委拉斯开兹大街◎◎Avenue Vélasquez◎◎435
沃，克洛蒂尔德·德（孔德的缪斯）◎◎Clotilde de Vaux◎◎371
沃德维尔剧院◎◎Théâtre du Vaudeville◎◎387，396
沃德维尔咖啡馆◎◎Café du Vaudeville◎◎396
沃格旅馆◎◎Hôtel Wogue◎◎77
沃日拉尔◎◎Vaugirard◎◎180
沃日拉尔公墓◎◎le cimetière de Vaugirard◎◎71
沃日拉尔街◎◎Rue de Vaugirard◎◎81，227，245
乌尔街◎◎Rue aux Ours◎◎123
乌普萨拉学院◎◎Collège d'Upsal◎◎104
无辜者喷泉◎◎Fontaine des Innocents◎◎91，139
无套裤汉剧院◎◎Théâtre des Sans-Culottes◎◎93
无忧之子剧团◎◎Enfants sans souci◎◎325
五百人院◎◎Conseil des Cinq Cents◎◎223

X 西岱岛◎◎Île de la Cité◎◎38, 109, 171, 198, 230, 234, 354
洗衣船◎◎Bateau-Lavoir◎◎39
洗衣女工街◎◎Rue des Blanchisseuses◎◎73
喜歌剧院剧团◎◎Opéra-Comique◎◎325
夏多布里昂（子爵），弗朗索瓦-勒内（作家、外交官）◎◎François-René, Vicomte de Chateaubriand◎◎269
夏乐村◎◎Chaillot◎◎182, 217
夏乐宫◎◎Palais de Chaillot◎◎217
夏洛街◎◎Rue Charlot◎◎28
先贤祠◎◎Panthéon◎◎110, 436, 437, 438, 441, 442, 443, 444
香榭丽舍大街◎◎Avenue des Champs-Élysées◎◎26, 108, 193, 279, 450, 456
香榭丽舍小园◎◎Carré des Champs-Élysées◎◎131
香榭丽舍圆形广场◎◎Rond-point des Champs-Élysées◎◎131, 193
肖邦，弗里德里克·弗朗齐歇克（作曲家、钢琴家）◎◎Fryderyk Franciszek Chopin◎◎419
肖蒙小丘公园◎◎Parc des Buttes-Chaumont◎◎310, 383
肖姆街◎◎Rue du Chaume◎◎417
肖沙，雅克（巴黎副市长）◎◎Jacques Chauchat◎◎395
肖沙街◎◎Rue Chauchat◎◎395
小木板死胡同◎◎Impasse de la Planchette◎◎94
小桥◎◎Petit-Pont◎◎285
小球街◎◎Rue des Boulets◎◎423
小让蒂伊（地名）◎◎Petit-Gentilly◎◎186
小神父广场◎◎Place des Petits-Pères◎◎392
小石街◎◎Rue de la Petite-Pierre◎◎453
小田街◎◎Rue des Petits-Champs◎◎135, 259, 388
小田新街◎◎Rue Neuve-des-Petits-Champs◎◎135
小鸭街◎◎Rue des Canettes◎◎370
协和广场◎◎Place de la Concorde◎◎15, 131, 158, 278, 302, 433, 454
协和桥◎◎Pont de la Concorde◎◎148, 413
卸货工人街◎◎Rue des Déchargeurs◎◎264
新城街◎◎Rue de la Villeneuve◎◎103
新宫◎◎Palais de la Nouveauté◎◎418
新诺夫街◎◎Rue des Jeux-Neufs◎◎238
新桥◎◎Pont-Neuf◎◎38, 45, 107, 239, 240, 254
新市集◎◎Marché-Neuf◎◎354
新市集滨河路◎◎Quai du Marché-Neuf◎◎195

行善者圣朱利安（木匠、旅馆经营者、船工主保圣人）◎◎Saint Julien l'Hospitalier ◎◎19
星形广场 ◎◎Place de l'Étoile ◎◎252
星形广场凯旋门 ◎◎Arc de Triomphe de l'Étoile ◎◎13，51，207
星形小丘 ◎◎Butte de l'Étoile ◎◎193
匈牙利女王小巷 ◎◎Passage de la Reine-de-Hongrie ◎◎48
修女街 ◎◎Rue Chanoinesse ◎◎198
叙谢大道 ◎◎Boulevard Suchet ◎◎446
《喧声》◎◎*Le Charivari* ◎◎429
学院滨河路 ◎◎Quai de l'École ◎◎286
寻午街 ◎◎Rue du Cherche-Midi ◎◎96
殉教者街 ◎◎Rue des Martyrs ◎◎284

Y
雅勃洛奇科夫，帕维尔·尼古拉耶维奇 ◎◎Pavel Nikolayevich Jablochkoff ◎◎158
雅各班女修院 ◎◎Couvent des Jacobins ◎◎268
雅各宾俱乐部 ◎◎Club des Jacobins ◎◎98
雅各街 ◎◎Rue Jacob ◎◎213
雅韦尔码头 ◎◎Quai de Javel ◎◎199
雅韦尔漂白水 ◎◎Eau de Javel ◎◎199
雅维奥岛 ◎◎Île aux Javiaux ◎◎234
亚历山大三世（教皇）◎◎Alexandre III ◎◎23
亚历山大三世桥 ◎◎Pont Alexandre III ◎◎159
耶尔（地名）◎◎Hyères ◎◎83
耶稣会士之家 ◎◎Maison des Jésuites ◎◎2
耶稣受难剧团 ◎◎Confrérie de la Passion ◎◎325
伊夫里（地名）◎◎Ivry ◎◎180
伊西（地名）◎◎Issy ◎◎180
艺术桥 ◎◎Pont des Arts ◎◎406
意大利剧团 ◎◎Comédie-Italienne ◎◎325
意大利剧院 ◎◎Théâtre Italien ◎◎52
银行街 ◎◎Rue de la Banque ◎◎362
邮政大楼 ◎◎Hôtel des Postes ◎◎172
犹太岛 ◎◎Île aux Juifs ◎◎234
于尔桑街 ◎◎Rue des Ursins ◎◎89
于斯曼，若利斯-卡尔（作家）◎◎Joris-Karl Huysmans ◎◎205
鱼贩城郊街 ◎◎Rue du Faubourg Poissonnière ◎◎102，126，263，297
鱼贩林荫大道 ◎◎Boulevard Poissonnière ◎◎356

雨果，维克多（文学家）◎◎Victor Hugo◎◎11，41，160，389
鸢街◎◎Rue des Ecouffes◎◎329
圆顶街◎◎Rue du Dôme◎◎351
约拿街◎◎Rue Jonas◎◎306
约瑟芬（约瑟芬·德·博阿尔内）（皇后）◎◎Joséphine de Beauharnais◎◎246
月台街◎◎Rue du Débarcadère◎◎404
云杉街◎◎Rue des Épinettes◎◎82
云杉小巷◎◎Passages des Épinettes◎◎82

Z

扎沙里耶街◎◎Rue Zacharie◎◎312
战斗地铁站◎◎Station Combat◎◎320
战神广场◎◎Champ de Mars◎◎347，422
芝麻菜监狱◎◎Prison de la Roquette◎◎117
朱尔·若弗兰广场◎◎Place Jules-Joffrin◎◎292
主教府喷泉◎◎Fontaine de l'Archevêché◎◎230
柱廊大楼◎◎Hôtel de la Colonnade◎◎246
自然历史博物馆◎◎Muséum d'Histoire Naturelle◎◎43
自由塔◎◎Tour de la Liberté◎◎277
棕榈树喷泉◎◎Fontaine du Palmier◎◎251

ISBN 978-7-5217-1217-9

定价：39.00 元